Método GPCTBA/C&I: estratégias para resolver desafios de clientes

Copyright © 2024 Reginaldo Osnildo
Todos os direitos reservados.

APRESENTAÇÃO

MÉTODO GPCTBA/C&I: A CHAVE PARA ENTENDIMENTO PROFUNDO DO CLIENTE

GOALS (METAS): IDENTIFICANDO O QUE SEUS CLIENTES QUEREM ALCANÇAR

PLANS (PLANOS): ENTENDENDO COMO SEUS CLIENTES PRETENDEM ALCANÇAR SUAS METAS

CHALLENGES (DESAFIOS): IDENTIFICANDO E PROPORCIONANDO SOLUÇÕES

TIMELINE (PRAZO): COMPREENDENDO A URGÊNCIA E A TEMPORALIDADE

BUDGET (ORÇAMENTO): ALINHANDO SUAS SOLUÇÕES COM A CAPACIDADE DE INVESTIMENTO DO CLIENTE

AUTHORITY (AUTORIDADE): ENGAJANDO COM OS TOMADORES DE DECISÃO

CONSEQUENCES (CONSEQUÊNCIAS): O IMPACTO DE NÃO AGIR

IMPLICATIONS (IMPLICAÇÕES): O VALOR DE SOLUCIONAR AGORA

INTEGRANDO GPCTBA/C&I EM SEU PROCESSO DE VENDAS

PLANO DE AÇÃO DE 30 DIAS PARA IMPLEMENTAR GPCTBA/C&I

REGINALDO OSNILDO

APRESENTAÇÃO

Bem-vindo ao início de uma jornada transformadora em sua carreira de vendas. "**Método GPCTBA/C&I: estratégias para resolver desafios de clientes**" é mais do que um livro; é um mapa que guiará você através dos complexos territórios das vendas modernas, onde cada cliente detém um universo de necessidades, desejos e desafios únicos. Aqui, você não encontrará apenas teorias; você mergulhará em um mundo onde essas estratégias são vivas, respiram e são aplicáveis no dia a dia das vendas.

Este livro é fruto de uma cuidadosa compilação de conhecimentos, atualizados para refletir as realidades do mercado de hoje e enriquecidos com minha própria percepção sobre o universo das vendas. Foi escrito pensando em você, profissional de vendas que busca não só entender mas também atender às necessidades complexas de seus clientes, elevando suas conversas de vendas a um patamar de produtividade e resultados excepcionais.

Ao adentrar estas páginas, você será introduzido ao modelo GPCTBA/C&I (Goals, Plans, Challenges, Timeline, Budget, Authority / Consequences & Implications), um framework robusto que transformará a maneira como você aborda cada oportunidade de venda. Mas, além de entender o modelo, você aprenderá a aplicá-lo de forma prática e estratégica, garantindo que suas soluções se alinhem perfeitamente às necessidades de seus clientes.

Cada capítulo deste livro foi cuidadosamente elaborado para se complementar, formando um caminho coeso que o levará da compreensão à ação. Desde a identificação das metas e planos de seus clientes, passando pelos desafios que enfrentam, até a compreensão de prazos, orçamentos e a autoridade de decisão, você será equipado com as ferramentas necessárias para criar conversas de vendas significativas e impactantes.

Além disso, ao final de cada capítulo, você encontrará um convite para avançar na sua jornada, sempre com o objetivo de aprofundar ainda mais seu conhecimento e habilidades. E, ao concluir esta leitura, você não só terá uma compreensão abrangente do modelo GPCTBA/C&I, mas também estará pronto para implementar um plano de ação de 30 dias, projetado para incorporar essas estratégias em seu processo de vendas, melhorando significativamente a qualificação de leads e a eficiência das suas vendas.

Então, prepare-se. Você está prestes a embarcar em uma viagem que mudará a maneira como você vê e pratica as vendas. Este é o momento de transformar seus desafios em oportunidades e seus objetivos em realidade. Vamos juntos desbravar o caminho para vendas mais produtivas e resultados excepcionais. Venha comigo, a próxima página espera por você.

Atenciosamente

Prof. Dr. Reginaldo Osnildo

MÉTODO GPCTBA/C&I: A CHAVE PARA ENTENDIMENTO PROFUNDO DO CLIENTE

No mundo das vendas, compreender profundamente as necessidades e os desafios dos clientes é mais do que uma habilidade; é uma necessidade. É aqui que o modelo GPCTBA/C&I entra como uma ferramenta essencial para os profissionais que buscam não apenas atender, mas superar as expectativas de seus clientes, garantindo soluções que se alinham perfeitamente às suas necessidades. Este capítulo irá desbravar cada componente desse modelo, destacando sua importância e como você pode utilizá-lo para transformar suas conversas de vendas.

- **G - Goals (Metas)**: O ponto de partida é sempre entender quais são as metas do seu cliente. O que eles esperam alcançar? Quais são seus objetivos a curto e longo prazo? Compreender as metas do cliente permite que você alinhe suas soluções de maneira que elas se apresentem como meios eficazes para alcançar esses objetivos.

- **P - Plans (Planos)**: Saber quais são os planos do cliente para alcançar suas metas oferece uma oportunidade única de se posicionar como um facilitador desses planos. Compreender a estratégia do cliente permite identificar onde sua oferta se encaixa e como pode potencializar os resultados esperados.

- **C - Challenges (Desafios)**: Identificar os desafios que seu cliente enfrenta no caminho para alcançar suas metas é crucial. Isso não apenas mostra empatia, mas também capacita você a apresentar soluções específicas que abordam esses obstáculos, removendo barreiras no caminho para o sucesso do cliente.

- **T - Timeline (Prazo)**: O tempo é um fator crítico nas decisões de compra. Compreender o cronograma do cliente para atingir suas metas permite que você ajuste sua proposta para se adequar à sua linha do tempo, garantindo que sua solução chegue no momento certo.

- **B - Budget (Orçamento)**: Discutir orçamento pode ser delicado, mas é indispensável. Entender as limitações e possibilidades de investimento do cliente em sua solução é fundamental para adaptar sua oferta, garantindo que ela seja vista como um investimento valioso e não um custo.

- A - Authority (Autoridade): Saber quem toma as decisões é crucial. Identificar e engajar os tomadores de decisão certos no processo garante que suas soluções sejam avaliadas e consideradas por quem realmente tem o poder de decidir.

- C&I - Consequences & Implications (Consequências e Implicações): Por fim, compreender as consequências de não agir e as implicações de adotar sua solução pode ser o que diferencia uma conversa de vendas bem-sucedida de uma que não resulta em fechamento. Mostrar ao cliente o valor real e os benefícios tangíveis de sua solução pode acelerar o processo de decisão.

Utilizar o modelo GPCTBA/C&I permite que você, como profissional de vendas, tenha conversas mais ricas e produtivas com seus clientes. Ao aplicar este modelo, você não está apenas vendendo; está consultando, orientando e, acima de tudo, construindo uma relação de confiança e parceria com seus clientes.

Ao virar esta página, você embarcará na exploração detalhada de cada componente deste modelo. Começaremos com "**GOALS (METAS): IDENTIFICANDO O QUE SEUS CLIENTES QUEREM ALCANÇAR**", onde mergulharemos no coração das aspirações de seus clientes, desvendando como você pode alinhar suas soluções para serem as chaves que abrem as portas do sucesso para eles. Prepare-se para transformar sua abordagem de vendas e, mais importante, os resultados de seus clientes. Vamos juntos nesta jornada de descoberta e sucesso.

GOALS (METAS): IDENTIFICANDO O QUE SEUS CLIENTES QUEREM ALCANÇAR

Compreender as metas dos seus clientes é o primeiro e mais crucial passo para construir uma relação de sucesso e confiança. Este capítulo é dedicado a desvendar como você pode efetivamente identificar e entender o que seus clientes realmente querem alcançar, permitindo-lhe posicionar suas soluções como a ponte para esses objetivos. Vamos mergulhar nas técnicas e abordagens que transformarão sua percepção e abordagem em vendas.

OUVINDO ATIVAMENTE PARA DESCOBRIR METAS

Ouvir é uma arte, especialmente em vendas. Quando você ouve ativamente seus clientes, não apenas capta as palavras ditas, mas também entende o contexto, as emoções e as motivações subjacentes. Aqui estão algumas estratégias para aprimorar sua habilidade de ouvir:

- **Foque completamente no cliente**: Evite distrações e concentre-se inteiramente no que está sendo dito, tanto verbal quanto não verbalmente.

- **Peça esclarecimentos**: Isso mostra que você está engajado e deseja entender completamente suas necessidades.

- **Sumarize e repita**: Periodicamente, resuma o que ouviu para garantir que você e o cliente estão alinhados.

PERGUNTAS PODEROSAS PARA REVELAR METAS

As perguntas certas podem abrir portas para o entendimento profundo das aspirações de seus clientes. Aqui estão exemplos de perguntas que você pode fazer para descobrir as metas de seus clientes:

- "Quais são os principais objetivos que você está buscando alcançar neste ano?"

- "O que sucesso significa para você neste projeto/situação?"

- **"Existem metas de longo prazo que estão influenciando suas decisões atuais?"**

Essas perguntas não só revelam as metas explicitamente declaradas, mas também podem desencadear discussões sobre aspirações não expressas anteriormente.

ALINHANDO SUAS SOLUÇÕES ÀS METAS DO CLIENTE

Depois de compreender as metas do seu cliente, o próximo passo é alinhar suas soluções de forma que elas respondam diretamente a essas necessidades. Isso pode envolver:

- **Customização da proposta**: Ajuste sua oferta para que ela se alinhe com as metas específicas do cliente, destacando como cada característica da sua solução contribui para o alcance desses objetivos.

- **Demonstração de valor**: Use dados, estudos de caso e depoimentos para mostrar como sua solução ajudou outros clientes a alcançar objetivos semelhantes.

- **Estabeleça um plano claro**: Desenvolva um plano de ação que mostre etapas claras sobre como sua solução pode levar o cliente do ponto A ao ponto B, ou seja, de sua situação atual ao alcance de suas metas.

SUPERANDO OBJEÇÕES COM FOCO NAS METAS

Objeções são naturais no processo de vendas. Porém, quando você entende profundamente as metas do cliente, pode usar esse conhecimento para superar objeções de forma eficaz, mostrando como sua solução é não apenas relevante, mas essencial para o alcance dessas metas.

Agora que você compreende a importância de identificar e alinhar suas soluções às metas de seus clientes, está pronto para o próximo capítulo: **"PLANS (PLANOS): ENTENDENDO COMO SEUS CLIENTES PRETENDEM ALCANÇAR SUAS METAS"**.

Aqui, exploraremos como você pode mergulhar mais fundo na estratégia de seus clientes, identificando oportunidades para integrar suas soluções de maneira mais efetiva em seus planos de ação. Este conhecimento não apenas fortalecerá sua proposta de valor, mas também estreitará a relação de parceria com seus clientes, posicionando você como um aliado essencial na jornada deles rumo ao sucesso. Vamos adiante, pois cada passo nos leva mais perto de transformar objetivos em realidades tangíveis.

PLANS (PLANOS): ENTENDENDO COMO SEUS CLIENTES PRETENDEM ALCANÇAR SUAS METAS

Após identificar as metas dos seus clientes, o próximo passo é entender os planos que eles têm para alcançá-las. Este capítulo se dedica a explorar como você pode mergulhar nos planos de ação dos seus clientes, oferecendo insights e soluções que não apenas se encaixam nesses planos, mas também os otimizam, assegurando uma parceria ainda mais forte e resultados mais significativos.

A ARTE DE MAPEAR OS PLANOS DOS CLIENTES

Entender os planos dos seus clientes requer uma combinação de escuta ativa e perguntas estratégicas. Ao mapear os planos deles, você ganha a oportunidade de identificar onde suas soluções se encaixam ou, mais importante, onde elas podem preencher lacunas que o cliente talvez nem saiba que existem.

PERGUNTAS ESTRATÉGICAS PARA REVELAR PLANOS

Aqui estão algumas perguntas que podem ajudá-lo a entender melhor os planos dos seus clientes:

- **"Como você planeja alcançar suas metas atuais?"**

- **"Existem etapas específicas que você já identificou para esse processo?"**

- **"Quais são os maiores obstáculos que você antecipa em seu plano atual?"**

Essas perguntas não só fornecem uma visão clara dos planos dos clientes, mas também abrem caminho para discussões sobre como suas soluções podem se integrar nesses planos.

ALINHANDO SUAS SOLUÇÕES COM OS PLANOS DOS CLIENTES

Uma vez que você tenha uma compreensão clara dos planos do cliente, o próximo passo é alinhar suas soluções de maneira que elas suportem ou melhorem esses planos. Isso pode incluir:

- **Personalização de ofertas**: Adapte sua solução para atender às necessidades específicas identificadas nos planos do cliente, mostrando como você pode ajudar a superar possíveis obstáculos.

- **Apresentação de estudos de caso relevantes**: Compartilhe exemplos de como sua solução já ajudou outros clientes com desafios semelhantes, reforçando a viabilidade e os benefícios de suas ofertas.

- **Desenvolvimento de um roteiro colaborativo**: Trabalhe junto com o cliente para integrar sua solução no plano deles, estabelecendo um roteiro que destaque como e quando sua solução pode ser implementada para máxima eficácia.

FACILITANDO A JORNADA DO CLIENTE

Ao alinhar suas soluções com os planos dos seus clientes, você não apenas se posiciona como um fornecedor, mas como um parceiro estratégico em sua jornada para o sucesso. Isso envolve não apenas entender onde eles querem ir, mas também oferecer a orientação, o suporte e as ferramentas necessárias para ajudá-los a chegar lá.

Com uma compreensão sólida dos planos dos seus clientes e de como suas soluções se encaixam nesses planos, você está pronto para enfrentar o próximo desafio: identificar e superar os obstáculos que podem impedir seus clientes de alcançar suas metas. No próximo capítulo, "**CHALLENGES (DESAFIOS): IDENTIFICANDO E PROPORCIONANDO SOLUÇÕES**", vamos explorar como você pode identificar proativamente esses desafios e trabalhar com seus clientes para desenvolver estratégias eficazes para superá-los. Este passo não apenas fortalece sua posição como um consultor de confiança, mas também abre novas avenidas para a criação de valor significativo para seus clientes. Vamos juntos nesta jornada, pois cada desafio superado é um passo mais próximo do sucesso.

CHALLENGES (DESAFIOS): IDENTIFICANDO E PROPORCIONANDO SOLUÇÕES

Entender os desafios que seus clientes enfrentam é crucial para oferecer soluções verdadeiramente eficazes. Este capítulo foca em como você pode se tornar um mestre na identificação e resolução dos obstáculos que se interpõem entre seus clientes e seus objetivos, transformando desafios em oportunidades de fortalecer sua relação com eles e destacar o valor único de suas soluções.

A IMPORTÂNCIA DE RECONHECER OS DESAFIOS

Reconhecer os desafios dos clientes é mais do que um exercício de empatia; é uma oportunidade de demonstrar compreensão profunda de suas realidades e de oferecer soluções que falam diretamente às suas necessidades mais prementes. Ao identificar esses obstáculos, você prepara o terreno para um diálogo significativo sobre como sua oferta pode ajudar a superá-los.

ESTRATÉGIAS PARA DESCOBRIR OS DESAFIOS

A descoberta de desafios começa com a escuta ativa e a observação, complementadas por uma abordagem consultiva durante suas interações com o cliente. Aqui estão algumas estratégias eficazes:

- **Fazer perguntas abertas**: Use perguntas que incentivem os clientes a falar sobre suas experiências, dificuldades e preocupações. Por exemplo, "Quais são os maiores obstáculos que você enfrenta para alcançar suas metas?"

- **Escuta ativa**: Demonstre que você está verdadeiramente engajado, fazendo anotações e repetindo o que ouviu para garantir uma compreensão correta.

- **Buscar sinais não verbais**: Muitas vezes, o que não é dito pode ser tão revelador quanto as palavras faladas. Preste atenção à linguagem corporal e aos sinais não verbais que podem indicar áreas de preocupação.

ALINHANDO SOLUÇÕES AOS DESAFIOS

Uma vez identificados os desafios, o passo seguinte é alinhar suas soluções de forma que enderecem esses problemas de maneira eficaz. Isso envolve:

- **Personalização de sua proposta**: Mostre como sua solução pode ser adaptada para atender às necessidades específicas do cliente, abordando diretamente os desafios identificados.

- **Demonstração de valor**: Use dados, depoimentos e estudos de caso que ilustrem como sua oferta ajudou outros clientes a superar desafios semelhantes.

- **Proporção de um plano de ação claro**: Desenvolva um roteiro que mostre como e quando sua solução pode ser implementada para superar os desafios, incluindo etapas específicas, prazos e expectativas claras.

CONSTRUINDO CONFIANÇA ATRAVÉS DA SOLUÇÃO DE PROBLEMAS

Ao oferecer soluções viáveis para os desafios dos clientes, você não apenas prova o valor de sua oferta, mas também constrói uma base sólida de confiança e credibilidade. Isso estabelece você não apenas como um vendedor, mas como um consultor confiável e parceiro de negócios.

Com os desafios dos clientes claramente identificados e soluções alinhadas prontas para serem implementadas, você está agora preparado para abordar o próximo elemento crucial no processo de vendas: o **"TIMELINE (PRAZO): COMPREENDENDO A URGÊNCIA E A TEMPORALIDADE"**. No próximo capítulo, exploraremos como determinar e trabalhar dentro do cronograma de seus clientes para a realização de suas metas. Entender o aspecto temporal é fundamental para garantir que suas soluções não apenas atendam às necessidades do cliente, mas também sejam entregues no momento mais impactante. Vamos juntos explorar como navegar esses prazos, garantindo que você continue a ser um recurso valioso e oportuno para seus clientes.

TIMELINE (PRAZO): COMPREENDENDO A URGÊNCIA E A TEMPORALIDADE

A compreensão do prazo em que seus clientes esperam alcançar suas metas é um componente crítico para alinhar suas soluções de maneira eficaz às suas necessidades. Este capítulo aborda como você pode entender e operar dentro dos cronogramas dos clientes, garantindo que suas ofertas não apenas sejam relevantes, mas também entregues no momento mais propício para maximizar o impacto.

A IMPORTÂNCIA DOS PRAZOS NO PROCESSO DE VENDAS

O prazo de um cliente é uma janela para sua urgência e prioridades. Ele oferece insights valiosos sobre como planejar e executar sua estratégia de vendas, permitindo que você sincronize suas ações com as necessidades imediatas e futuras do cliente. Compreender e respeitar esses prazos é essencial para construir confiança e demonstrar compromisso com o sucesso do cliente.

ESTRATÉGIAS PARA IDENTIFICAR O TIMELINE DO CLIENTE

Para identificar o timeline do cliente de forma eficaz, você precisa adotar uma abordagem estratégica que inclua:

- **Perguntas diretas**: Inicie perguntando diretamente ao cliente sobre seus prazos. Por exemplo, "Qual é o seu prazo ideal para implementar essa solução?" ou "Há alguma data específica em que você precisa ver resultados?"

- **Discussões detalhadas**: Engaje em conversas que exploram não apenas o "quando", mas também o "porquê" por trás dos prazos. Compreender o contexto pode revelar oportunidades para ajustar ou acelerar sua oferta.

- **Feedback contínuo**: Mantenha um diálogo aberto e contínuo sobre prazos ao longo do processo de vendas. Isso ajuda a ajustar as expectativas e a manter todos alinhados.

ALINHANDO SUAS SOLUÇÕES AOS PRAZOS DOS CLIENTES

Depois de entender os prazos dos seus clientes, o próximo passo é alinhar suas soluções de forma que elas sejam implementadas de maneira oportuna. Isso pode envolver:

- **Adaptação de sua oferta**: Se necessário, ajuste sua solução para que ela possa ser implementada dentro do prazo estabelecido pelo cliente.

- **Planejamento e execução eficientes**: Desenvolva um plano de implementação detalhado, com marcos claros e datas específicas, garantindo que todas as partes estejam cientes e comprometidas com o cronograma.

- **Preparação para flexibilidade**: Esteja preparado para ajustar seus planos conforme necessário para acomodar mudanças nos prazos do cliente, mantendo sempre a comunicação clara e proativa.

AJUSTANDO EXPECTATIVAS

É fundamental que haja uma sincronia de expectativas entre você e seu cliente em relação aos prazos. Isso inclui ser realista sobre o que pode ser alcançado dentro do prazo estipulado e comunicar claramente quaisquer desafios potenciais que possam impactar a linha do tempo.

Com uma compreensão sólida dos prazos dos seus clientes e um plano para alinhar suas soluções a esses prazos, você está pronto para abordar o próximo aspecto crucial na conquista do sucesso do cliente: o "**BUDGET (ORÇAMENTO): ALINHANDO SUAS SOLUÇÕES COM A CAPACIDADE DE INVESTIMENTO DO CLIENTE**". No próximo capítulo, exploraremos como abordar conversas sobre orçamento de maneira sensível e produtiva, garantindo que sua solução seja vista não como um custo, mas como um investimento valioso no sucesso do cliente. Este passo é crucial para garantir uma parceria mutuamente benéfica e resultados duradouros. Vamos juntos descobrir como fazer suas soluções se alinharem não apenas aos objetivos e planos dos clientes, mas também às suas capacidades financeiras.

BUDGET (ORÇAMENTO): ALINHANDO SUAS SOLUÇÕES COM A CAPACIDADE DE INVESTIMENTO DO CLIENTE

Abordar a questão do orçamento pode ser um dos momentos mais delicados no processo de vendas. Este capítulo é dedicado a explorar como você pode dialogar sobre orçamento de maneira que construa confiança e estabeleça suas soluções como investimentos estratégicos no sucesso do cliente. Vamos mergulhar em estratégias para compreender e respeitar a capacidade de investimento do cliente, assegurando que suas soluções sejam vistas como essenciais e valiosas.

COMPREENDENDO A PERSPECTIVA DO CLIENTE SOBRE ORÇAMENTO

O primeiro passo para alinhar suas soluções ao orçamento do cliente é entender a perspectiva deles sobre investimento. Isso envolve reconhecer que cada cliente tem limitações orçamentárias específicas e que o valor é percebido de maneira diferente em cada contexto. Mostrar que você está atento e disposto a trabalhar dentro dessas limitações é crucial para estabelecer uma relação de confiança.

ESTRATÉGIAS PARA DISCUTIR ORÇAMENTO

- **Inicie a conversa sobre orçamento cedo**: Abordar o assunto do orçamento desde o início evita surpresas e ajustes desagradáveis mais tarde no processo.

- **Seja transparente sobre custos e ROI**: Fornecer informações claras sobre o custo das suas soluções e, mais importante, sobre o retorno sobre o investimento (ROI) que o cliente pode esperar, ajuda a posicionar sua oferta como um investimento valioso.

- **Adapte sua solução às limitações de orçamento**: Quando possível, ofereça opções flexíveis ou versões escaláveis da sua solução que possam se ajustar ao orçamento disponível, sem comprometer demais a eficácia.

ALINHANDO VALOR COM INVESTIMENTO

A chave para alinhar suas soluções com o orçamento do cliente é destacar o valor que elas trazem. Isso não significa apenas falar sobre recursos ou benefícios, mas conectar esses benefícios aos objetivos específicos do cliente e mostrar como sua solução pode ajudar a atingi-los de forma eficiente e econômica.

- **Enfatize o custo da inação**: Às vezes, ajudar o cliente a entender o custo de não investir em sua solução pode ser uma maneira poderosa de colocar o investimento em perspectiva.

- **Mostre o caminho para o ROI**: Desenvolva estudos de caso ou exemplos que demonstrem claramente como e quando o cliente pode esperar ver um retorno sobre seu investimento.

NEGOCIANDO COM FLEXIBILIDADE

Negociar o orçamento requer flexibilidade e criatividade. Isso pode envolver ajustar o escopo da solução, discutir termos de pagamento flexíveis ou encontrar maneiras de provar o valor antes de exigir um comprometimento financeiro total.

Com o orçamento alinhado e as expectativas ajustadas, você estabelece uma base sólida para uma parceria de sucesso com o cliente. O próximo passo é "**AUTHORITY (AUTORIDADE): ENGAJANDO COM OS TOMADORES DE DECISÃO**". Neste capítulo, vamos explorar como identificar e envolver efetivamente as pessoas que têm o poder de tomar decisões sobre investimentos em soluções como a sua. Reconhecer e engajar os tomadores de decisão certos é crucial para transformar propostas em projetos ativos e garantir que as soluções propostas se tornem realidade. Vamos juntos preparar o terreno para conversas produtivas com aqueles que têm a autoridade para dizer "sim" ao seu oferecimento.

AUTHORITY (AUTORIDADE): ENGAJANDO COM OS TOMADORES DE DECISÃO

Navegar pela estrutura de autoridade dentro das organizações dos clientes é um passo decisivo para converter propostas em vendas efetivas. Este capítulo foca em estratégias para identificar e envolver os tomadores de decisão, garantindo que suas soluções sejam apresentadas a quem realmente tem o poder de aprovar investimentos. A habilidade de conectar-se com esses indivíduos não apenas acelera o processo de vendas, mas também aumenta as chances de sucesso de suas propostas.

IDENTIFICANDO OS TOMADORES DE DECISÃO

O primeiro desafio é identificar quem são os tomadores de decisão. Em muitas organizações, as decisões de compra envolvem múltiplas partes interessadas, cada uma com suas próprias preocupações e níveis de influência. Para navegar eficientemente por essa complexidade:

- **Use sua rede**: Aproveite conexões existentes dentro da empresa do cliente para obter insights sobre a estrutura de decisão.

- **Faça perguntas estratégicas**: Durante as conversas, pergunte diretamente quem são os decisores no processo de compra relacionado à sua solução.

- **Observação atenta**: Em reuniões e apresentações, observe a dinâmica entre os participantes para identificar quem tem influência nas decisões.

CONSTRUINDO RELACIONAMENTOS COM OS TOMADORES DE DECISÃO

Após identificar os decisores, o próximo passo é construir relacionamentos com eles. Isso envolve:

- **Personalizar sua comunicação**: Adapte sua mensagem para ressoar com as preocupações e objetivos específicos dos decisores.

- **Demonstrar valor direto**: Mostre como sua solução pode

resolver problemas específicos ou aproveitar oportunidades de maneira que importe para os decisores.

- **Ser consultivo, não vendável**: Posicione-se como um parceiro que busca entender e atender às necessidades deles, em vez de alguém que apenas quer vender algo.

APRESENTANDO SUA SOLUÇÃO

Quando chegar a hora de apresentar sua solução aos tomadores de decisão, certifique-se de que sua apresentação esteja alinhada com seus interesses e preocupações:

- **Foque nos resultados**: Concentre-se em como sua solução pode contribuir para os objetivos de negócios dos decisores, como aumento de receita, redução de custos ou melhoria da eficiência.

- **Use dados e estudos de caso**: Apoie sua proposta com dados concretos, estudos de caso relevantes e depoimentos que comprovem o sucesso de sua solução em situações similares.

- **Esteja preparado para objeções**: Identifique possíveis objeções dos decisores e tenha respostas claras e convincentes que reforcem o valor da sua solução.

NAVEGANDO POR OBJEÇÕES E HESITAÇÕES

Os tomadores de decisão podem ter objeções ou hesitações específicas que precisam ser abordadas:

- **Entenda as objeções**: Ouça atentamente para compreender a raiz das hesitações.

- **Responda com empatia e dados**: Use informações e exemplos relevantes para responder às objeções de forma empática e informativa.

- **Demonstre flexibilidade**: Mostre que está disposto a adaptar sua solução para atender melhor às necessidades e preocupações deles.

MANTENDO O DIÁLOGO ABERTO

Manter um diálogo aberto e contínuo com os tomadores de decisão é crucial para o sucesso a longo prazo:

- **Faça follow-up regularmente**: Mantenha-se em contato com os decisores através de follow-ups regulares, oferecendo novas informações e demonstrando seu compromisso contínuo com o sucesso deles.

- **Esteja disponível para esclarecimentos e suporte**: Assegure que eles saibam que podem contar com você para esclarecimentos adicionais ou suporte pós-venda.

Com os tomadores de decisão engajados e interessados, você está bem posicionado para mover sua proposta para a fase de conclusão. O próximo capítulo, "**CONSEQUENCES (CONSEQUÊNCIAS): O IMPACTO DE NÃO AGIR**", explorará como comunicar efetivamente as consequências de não implementar sua solução, aumentando a urgência da decisão de compra e incentivando uma ação positiva. Este conhecimento será vital para ajudá-lo a fechar vendas de maneira eficaz, garantindo que seus clientes entendam não apenas o valor da sua solução, mas também o custo de permanecerem inertes. Avançaremos juntos, equipados para transformar oportunidades em resultados tangíveis.

CONSEQUENCES (CONSEQUÊNCIAS): O IMPACTO DE NÃO AGIR

A compreensão e a comunicação efetiva das consequências de não adotar sua solução podem ser decisivas para motivar os tomadores de decisão a agir. Este capítulo aborda como articular os riscos e as perdas potenciais associadas à inação, destacando a urgência e a importância de sua oferta. Ao esclarecer as consequências, você não apenas amplia a percepção de valor da sua solução, mas também incentiva uma decisão de compra mais rápida e informada.

ENTENDENDO AS CONSEQUÊNCIAS DA INAÇÃO

Antes de poder comunicar as consequências da inação, é essencial entender profundamente:

- **O contexto atual do cliente**: Quais são os desafios específicos que eles enfrentam e como a inação pode exacerbá-los?

- **Impacto a longo prazo**: Como a falta de ação pode afetar a saúde geral da empresa, incluindo perda de receita, diminuição da competitividade e deterioração da satisfação do cliente?

ESTRATÉGIAS PARA COMUNICAR AS CONSEQUÊNCIAS

A abordagem para discutir as consequências da inação deve ser cuidadosa, visando informar e não alarmar. Aqui estão algumas estratégias:

- **Use dados e exemplos reais**: Apresente estudos de caso e dados que ilustrem as consequências reais enfrentadas por empresas semelhantes que falharam em agir.

- **Crie cenários de "e se"**: Ilustre de forma clara e tangível os cenários negativos que podem se materializar sem a adoção de sua solução.

- **Contraste com os benefícios da ação**: Além de destacar as consequências negativas, contraste-as com os benefícios positivos e o valor agregado de adotar sua solução.

ALINHANDO CONSEQUÊNCIAS COM OBJETIVOS DO CLIENTE

Para que a comunicação sobre as consequências seja eficaz, ela deve ser diretamente alinhada aos objetivos e preocupações do cliente:

- **Personalize a mensagem**: Adapte sua comunicação para refletir os objetivos específicos e os desafios do cliente, tornando as consequências da inação mais relevantes e impactantes para eles.

- **Destaque o impacto sobre metas críticas**: Enfatize como a inação pode impedir o cliente de alcançar suas metas mais críticas ou expô-los a riscos significativos.

FOMENTANDO UMA DECISÃO DE AÇÃO

A discussão sobre as consequências deve sempre ser conduzida de maneira que incentive uma decisão positiva de ação:

- **Ofereça soluções, não apenas problemas**: Certifique-se de que a comunicação das consequências seja equilibrada com uma ênfase clara em como sua solução pode evitar esses resultados negativos.

- **Seja um parceiro consultivo**: Posicione-se como um aliado que está oferecendo insights valiosos para ajudar o cliente a tomar a melhor decisão possível, reforçando o valor da sua solução.

Após entender e comunicar as consequências da inação, você estabelece um terreno fértil para a urgência da decisão. O próximo capítulo, "**IMPLICATIONS (IMPLICAÇÕES): O VALOR DE SOLUCIONAR AGORA**", se aprofundará em como você pode destacar as implicações positivas de adotar sua solução agora, reforçando a urgência de agir e o valor a longo prazo que sua solução oferece. Avançaremos para garantir que os clientes não apenas entendam o custo da inação, mas também se sintam motivados pela visão positiva e pelo retorno significativo que a ação imediata pode trazer.

IMPLICATIONS (IMPLICAÇÕES): O VALOR DE SOLUCIONAR AGORA

Entender e comunicar as implicações positivas de adotar sua solução imediatamente é crucial para incentivar os clientes a agir. Este capítulo se concentra em como você pode efetivamente destacar os benefícios a longo prazo e o valor agregado de tomar uma decisão rápida, criando um senso de urgência positiva que motiva a ação.

O PODER DAS IMPLICAÇÕES POSITIVAS

As implicações positivas de uma decisão de compra envolvem mais do que benefícios imediatos; elas abrangem o impacto a longo prazo no negócio do cliente, incluindo melhorias na eficiência, aumento da competitividade, crescimento da receita e fortalecimento da satisfação do cliente. Destacar esses aspectos pode transformar a perspectiva do cliente, fazendo com que a solução seja vista como um investimento indispensável no futuro do seu negócio.

ESTRATÉGIAS PARA COMUNICAR IMPLICAÇÕES POSITIVAS

Para comunicar efetivamente as implicações positivas, considere as seguintes estratégias:

- **Ilustre o futuro com e sem sua solução**: Use cenários para mostrar como o futuro pode parecer para o negócio do cliente com e sem a implementação da sua solução. Destaque como sua solução pode levar a um futuro mais brilhante e evitar possíveis obstáculos.

- **Use depoimentos e estudos de caso**: Histórias de sucesso de clientes anteriores são ferramentas poderosas para ilustrar as implicações positivas de sua solução. Eles fornecem provas concretas do valor e incentivam a decisão de compra.

- **Quantifique os benefícios**: Sempre que possível, forneça dados que quantifiquem os benefícios de sua solução, como ROI esperado, redução de custos, aumento de receita ou melhoria na eficiência.

ALINHANDO IMPLICAÇÕES COM OBJETIVOS DO CLIENTE

As implicações positivas devem ser claramente alinhadas aos objetivos específicos do cliente para ressoar efetivamente:

- **Personalize sua abordagem**: Mostre compreensão dos objetivos únicos do cliente e como sua solução pode ajudá-los a alcançá-los de maneira mais eficaz.

- **Destaque a relevância para os desafios atuais**: Conecte os benefícios de sua solução aos desafios atuais enfrentados pelo cliente, demonstrando como sua oferta é não apenas relevante, mas também oportuna.

CRIANDO UM SENSO DE URGÊNCIA POSITIVA

Além de destacar as implicações positivas, é importante criar um senso de urgência que motive a ação:

- **Enfatize a janela de oportunidade**: Mostre como agir agora pode colocar o cliente à frente da concorrência ou aproveitar uma oportunidade de mercado em tempo hábil.

- **Discuta o custo da espera**: Além das consequências negativas da inação, destaque como a espera pode resultar na perda de benefícios significativos ou na deterioração da posição de mercado.

Com as implicações positivas claramente comunicadas e um senso de urgência estabelecido, você prepara o terreno para uma decisão de compra informada e motivada. O próximo capítulo, **"INTEGRANDO GPCTBA/C&I EM SEU PROCESSO DE VENDAS"**, fornecerá estratégias práticas para incorporar esses insights em seu processo de vendas, melhorando a qualificação de leads e a eficiência das vendas. Vamos avançar, equipados com o conhecimento e as ferramentas necessárias para transformar essas implicações em ações concretas e resultados tangíveis para seus clientes.

INTEGRANDO GPCTBA/C&I EM SEU PROCESSO DE VENDAS

A adoção do modelo GPCTBA/C&I (Goals, Plans, Challenges, Timeline, Budget, Authority / Consequences & Implications) no seu processo de vendas é uma transformação estratégica que promete não só melhorar a eficiência das suas vendas, mas também a qualidade das relações que você constrói com seus clientes. Este capítulo oferece um guia prático para integrar esses conceitos em cada etapa do seu ciclo de vendas, garantindo que você maximize cada oportunidade de negócio.

COMPREENDENDO O MODELO GPCTBA/C&I

Antes de integrar o modelo ao seu processo de vendas, é crucial ter uma compreensão clara de cada componente e como eles se conectam para fornecer uma compreensão holística das necessidades do cliente. A revisão detalhada de cada elemento, como feito nos capítulos anteriores, serve como base para esta integração.

PASSO A PASSO PARA A INTEGRAÇÃO

- **Qualificação de Leads**: Use o GPCTBA/C&I como um checklist durante a qualificação de leads para garantir que você esteja focando em oportunidades com alta probabilidade de conversão. Avalie se você tem informações suficientes sobre as metas, planos, desafios, prazos, orçamento, autoridade de decisão, consequências da inação e implicações da ação para cada lead.

- **Preparação para Reuniões**: Antes de reuniões com potenciais clientes, prepare-se para cobrir todos os aspectos do modelo. Isso inclui ter perguntas prontas para descobrir informações não reveladas e ter materiais de suporte que demonstrem como sua solução se alinha aos componentes GPCTBA/C&I do prospect.

- **Apresentação e proposta de vendas**: Customize suas apresentações e propostas para refletir a compreensão e o alinhamento com os componentes GPCTBA/C&I do cliente.

Destaque como sua solução atende às metas e planos, supera desafios, se encaixa no cronograma, respeita o orçamento, é aprovada por autoridades, evita consequências negativas e traz implicações positivas.

- **Negociação**: Durante a negociação, use o conhecimento adquirido através do modelo GPCTBA/C&I para abordar quaisquer objeções. Demonstre como sua solução é não apenas uma escolha lógica, mas também a melhor ação estratégica diante das circunstâncias específicas do cliente.

- **Fechamento**: No fechamento, reitere os aspectos chave do GPCTBA/C&I que foram discutidos ao longo do processo de vendas, consolidando a decisão de compra com uma recapitulação do valor agregado da sua solução.

- **Pós-venda e acompanhamento**: Use o modelo GPCTBA/C&I para estruturar seu acompanhamento pós-venda, garantindo que a solução esteja sendo implementada de maneira a atender às expectativas e contribuir para o sucesso contínuo do cliente.

TREINAMENTO DA EQUIPE DE VENDAS

Para garantir uma integração eficaz do modelo GPCTBA/C&I, invista no treinamento da sua equipe de vendas. Isso deve incluir sessões educativas sobre o modelo, workshops práticos para aplicação do modelo em cenários reais e sessões de revisão para compartilhar aprendizados e melhores práticas.

MEDINDO O SUCESSO

Estabeleça métricas claras para avaliar o impacto da integração do modelo GPCTBA/C&I no seu processo de vendas. Isso pode incluir taxas de conversão, tempo de ciclo de vendas, satisfação do cliente e retorno sobre investimento (ROI).

Com o modelo GPCTBA/C&I firmemente integrado em seu processo de vendas, você está preparado para enfrentar desafios complexos de vendas com uma abordagem estruturada e orientada para soluções. O próximo capítulo, **"PLANO DE AÇÃO DE 30 DIAS PARA IMPLEMENTAR GPCTBA/C&I"**, oferecerá um guia passo a passo para aplicar este modelo nas suas estratégias de vendas. Este plano ajudará você a promover um entendimento mais profundo dos clientes e aumentar as chances de sucesso nas vendas, aplicando as lições aprendidas e as melhores práticas destacadas nos casos de sucesso.

PLANO DE AÇÃO DE 30 DIAS PARA IMPLEMENTAR GPCTBA/C&I

Para transformar os insights e estratégias discutidos nos capítulos anteriores em resultados tangíveis, é essencial ter um plano de ação claro. Este capítulo oferece um guia passo a passo para implementar o modelo GPCTBA/C&I em seu processo de vendas ao longo de 30 dias, garantindo uma transição suave e eficaz para esta abordagem centrada no cliente.

DIA 1-5: IMERSÃO E PLANEJAMENTO

- **Dia 1**: Revisão completa do modelo GPCTBA/C&I, garantindo que toda a equipe de vendas entenda cada componente e sua importância.

- **Dia 2-3**: Avaliação dos processos de vendas atuais e identificação de áreas para integração do modelo GPCTBA/C&I.

-
Dia 4-5: Desenvolvimento de um plano de implementação detalhado, incluindo metas específicas, responsabilidades e prazos.

DIA 6-10: TREINAMENTO DA EQUIPE

- **Dia 6-7**: Realização de workshops de treinamento para a equipe de vendas, focando na aplicação prática do modelo GPCTBA/C&I em cenários de vendas.

- **Dia 8**: Sessões de role-playing para praticar a aplicação do modelo em conversas de vendas, com feedback construtivo.

- **Dia 9-10**: Revisão de ferramentas e materiais de vendas existentes, ajustando-os para alinhar com o modelo GPCTBA/C&I.

DIA 11-20: IMPLEMENTAÇÃO GRADUAL

- **Dia 11-15**: Implementação inicial do modelo em um conjunto selecionado de oportunidades de vendas, aplicando os componentes GPCTBA/C&I para qualificar leads e conduzir conversas de vendas.

- **Dia 16-20**: Monitoramento e análise do desempenho das vendas, coletando feedback da equipe e dos clientes para identificar áreas de melhoria.

DIA 21-25: AVALIAÇÃO E AJUSTES

- **Dia 21-22**: Avaliação dos resultados iniciais da implementação, comparando-os com os benchmarks de desempenho anteriores.

- **Dia 23-24**: Realização de sessões de feedback com a equipe de vendas para discutir desafios e sucessos na aplicação do modelo.

- **Dia 25**: Ajustes nas estratégias de vendas e no treinamento com base no feedback e nos resultados obtidos.

DIA 26-30: CONSOLIDAÇÃO E PLANEJAMENTO FUTURO

- **Dia 26-27**: Desenvolvimento de um plano de ação para abordar quaisquer desafios identificados e aproveitar as oportunidades de melhoria.

- **Dia 28**: Implementação de melhorias e refinamentos no processo de vendas com base nos aprendizados dos primeiros 25 dias.

- **Dia 29-30**: Planejamento para a expansão da aplicação do modelo GPCTBA/C&I para todas as oportunidades de vendas, definindo metas e estratégias para o próximo trimestre.

MANTENDO O ÍMPETO

Para garantir o sucesso contínuo na aplicação do modelo GPCTBA/C&I:

- **Monitoramento Contínuo**: Estabeleça um processo para revisão regular dos resultados de vendas e ajustes no processo conforme necessário.

- **Treinamento ongoing**: Invista em sessões de treinamento recorrentes para manter a equipe atualizada e ajustar as estratégias com base nas tendências de vendas e feedback dos clientes.

- **Compartilhamento de sucessos**: Celebre e compartilhe histórias de sucesso dentro da equipe para motivar e demonstrar o impacto positivo do modelo GPCTBA/C&I.

Implementar o modelo GPCTBA/C&I em seu processo de vendas é uma jornada contínua de aprendizado, adaptação e melhoria. Este plano de 30 dias oferece um ponto de partida para essa transformação, capacitando você e sua equipe a criar conexões mais profundas com os clientes e a impulsionar resultados de vendas significativos.

Ao virarmos a última página desta jornada juntos, espero sinceramente que os aprendizados compartilhados aqui tenham tocado seu coração e despertado novas perspectivas. Se este livro lhe trouxe algum valor, peço gentilmente que dedique alguns momentos para deixar sua avaliação na Amazon. Suas palavras não apenas me ajudam a crescer e aprimorar minha arte, mas também guiam outros leitores em suas buscas por conhecimento e inspiração. Sua opinião é um presente valioso, tanto para mim quanto para a comunidade de leitores em busca de histórias que transformam. Agradeço de coração por compartilhar esta jornada comigo e espero que possamos nos encontrar novamente nas páginas de uma nova aventura.

REGINALDO OSNILDO

REGINALDO OSNILDO

Olá, sou Reginaldo Osnildo, autor e inovador nas áreas de vendas, tecnologia, e estratégias de comunicação. Minha experiência abrange desde o ambiente acadêmico, como professor e pesquisador na Universidade do Sul de Santa Catarina, até a prática como estrategista no Grupo Catarinense de Rádios. Com um doutorado em narrativas de vendas e convergência digital, e um mestrado em storytelling e imaginário social, eu trago para meus leitores uma fusão única entre teoria e prática. Meu objetivo é fornecer conhecimento em uma linguagem simples, prática e didática, incentivando a aplicação direta na vida pessoal e profissional.

Atenciosamente

Prof. Dr. Reginaldo Osnildo

+55 48 991913865

reginaldoosnildo@gmail.com

www.ingramcontent.com/pod-product-compliance
Lightning Source LLC
Chambersburg PA
CBHW072004210526
45479CB00003B/1055